AF232075

CHARLES JOURDAIN

MEMBRE DE L'INSTITUT

L'ÉCOLE SANS DIEU

EXTRAIT DU *CORRESPONDANT*

PARIS

JULES GERVAIS, LIBRAIRE-ÉDITEUR

29, RUE DE TOURNON, 29

1880

L'ÉCOLE SANS DIEU

PARIS. — E. DE SOYE ET FILS, IMPR., 5, PL. DU PANTHÉON.

CHARLES JOURDAIN

MEMBRE DE L'INSTITUT

L'ÉCOLE SANS DIEU

EXTRAIT DU *CORRESPONDANT*

PARIS

JULES GERVAIS, LIBRAIRE-ÉDITEUR

29, RUE DE TOURNON, 29

1880

L'ÉCOLE SANS DIEU

C'est une triste tâche pour un écrivain que d'avoir à revenir sur des questions qui semblaient épuisées, à combattre des erreurs réfutées cent fois, à défendre des vérités universellement admises et qui sont partie intégrante de ce patrimoine intellectuel que les philosophes comme le vulgaire appellent le sens commun. Le rôle de la raison, même pour ceux qui exaltent sa puissance avec le plus d'orgueil et de témérité, n'est-il pas d'aller sans cesse en avant, et de pénétrer, par un progrès indéfini, dans les régions inexplorées de l'inconnu ? Quel tort ne lui fait-on pas à elle-même, à quel rôle douloureux n'est-elle pas condamnée, quand elle est réduite par l'abus pernicieux du sophisme, à s'arrêter dans sa marche, à revenir sur ses pas, pour protéger contre des ennemis inattendus, le terrain qu'elle avait conquis, les notions lumineuses et fécondes, aussi saines pour l'esprit que pour le cœur, dont elle croyait la possession assurée !

Au dixième livre de son traité des *Lois*, Platon s'indigne contre les faux sages qui, au mépris des enseignements qu'ils ont reçus dans leur jeunesse et que confirme la foi unanime du genre humain, obligent le philosophe, sous les prétextes les plus frivoles, à combattre leur impiété et à démontrer l'existence des Dieux. Nous nous trouvons dans une situation analogue à celle que Platon déplorait, ou plutôt dans une situation pire encore. Platon avait pu mesurer la folie de l'athéisme ; il n'avait pas vu l'athéisme offert à la jeunesse et même à l'enfance, comme la leçon de l'expérience et le dernier mot de la sagesse. Aujourd'hui que se passe-t-il ? Des voix bruyantes s'élèvent ; elles ne se contentent pas de blasphémer contre la divinité du christianisme ; elles nient Dieu, et pour faire partager leurs doctrines sacrilèges aux nouvelles générations, elles entreprennent, sous le masque trompeur de la liberté de conscience, de bannir des écoles toute espèce d'enseignement religieux ; elles demandent, elles veulent des écoles sans Dieu. Il ne s'agit pas seulement d'effacer du programme de l'instruction primaire l'histoire sainte et les vérités dogmatiques, proposées par l'Église à la foi de ses enfants ; tout ce qui rappelle aux élèves l'existence d'un être suprême, d'une âme spirituelle et d'une vie à venir, tous les livres, tous les emblèmes qui reportent leur esprit vers ces notions sublimes, doit être enlevé de leurs mains et dérobé à leur vue, aussi bien que le catéchisme, le crucifix et les statues de la Sainte Vierge. Telle est la prétention, nos lecteurs ne le savent que trop, que les feuilles radicales avouent, que le Conseil municipal de Paris n'a pas rougi de proclamer, et qui a trouvé sa consécration officielle dans les rapports de M. Paul Bert sur l'enseignement primaire. Faut-il laisser passer de pareilles énormités sans protestation, en abandonnant à la raison publique le soin d'en faire justice ? Assurément nous avons pleine confiance dans le bon sens de la nation ; nous ne doutons pas que tôt ou tard elle n'assure par ses suffrages le triomphe éclatant des vérités morales et religieuses qui ont été reconnues jusqu'ici comme la base des sociétés. Il est nécessaire toutefois qu'on l'avertisse et qu'elle soit tenue en garde contre des assertions fallacieuses, qui mènent à des conclusions directement opposées à ses instincts, à ses croyances et à ses besoins les mieux constatés. Nous convenons que la mission est ingrate, et que la plume s'en fatigue aisément : quoi de plus ingrat que d'avoir à démontrer l'évidence ? Mais, quelque déplaisante qu'elle soit, cette mission est devenue un devoir impérieux devant lequel la presse catholique ne doit pas reculer. Il convient de remonter à l'origine de l'erreur, de suivre, à l'aide de documents authentiques, les obscurs commencements et les vicissitudes de cette impiété maladive qui menace de corrompre, jusque dans les écoles, les sources de la moralité publique et privée ; il convient de rappeler les alarmes qu'elle a de tout temps excitées et qui se sont traduites par d'énergiques protestations, de signaler enfin le despotisme et les inconséquences de ceux qui s'en font les propagateurs au nom de la liberté.

Suivant Platon, l'athéisme a pour causes d'une part, « des passions effrénées, » d'autre part « une affreuse ignorance, qu'on déguise sous le nom de sagesse ». Cependant Platon ne se rebute pas. En disputant contre les fauteurs d'une doctrine qu'il déteste, il essaie de garder son sang-froid, « afin qu'il ne soit pas dit, ajoute-t-il avec sa sérénité et sa grâce habituelles, que tandis que l'ivresse des passions fait déraisonner nos adversaires, nous déraisonnons nous-mêmes par l'indignation dont nous sommes animés contre eux. » Nous nous efforcerons, dans les pages qui suivent, de rester fidèle à la leçon et à l'exemple de calme et de modération que le disciple de Socrate nous a laissés.

I

Lorsque des philosophes ont réussi à se persuader que les réalités tangibles et visibles sont les seules qui existent, que les conceptions de l'esprit qui dépassent la sphère où s'exercent les sens, sont de simples rêves de l'imagination; que l'âme se confond avec le corps, et Dieu avec la nature, et qu'en dehors de la nature et de l'organisation, Dieu et l'âme ne sont que des mots qui ne correspondent à rien de positif; que par conséquent pour l'homme ainsi que pour la brute tout finit à la mort, et que l'espérance d'une vie à venir qui se continue par delà le tombeau, est une superstition; quand ces philosophes se sont faits les apôtres ardents de leurs tristes doctrines, qu'ils ont multiplié, pour la répandre, les gros livres à l'usage des doctes, et les pamphlets à l'usage du vulgaire; que le succès a couronné pour un temps leurs efforts, et que faisant mouvoir avec une habileté perfide deux ressorts puissants sur le cœur de l'homme, l'amour de la nouveauté et la passion de la liberté, ils sont parvenus à ébranler, à déraciner même la foi de leurs aïeux, dans un grand nombre d'âmes, même honnêtes, et à les pousser au matérialisme : il n'est pas étonnant que l'éducation publique reçoive le contre-coup du changement qui s'est opéré dans les mœurs d'une partie de la nation, que l'enseignement religieux y soit menacé et que des efforts soient tentés pour le détruire. Que si d'ailleurs, des écrivains plus ou moins célèbres, restés fidèles à la cause du spiritualisme, mais imbus de fausses idées sur la meilleure manière d'élever la jeunesse, en sont arrivés dans leur système à soutenir que l'initiation religieuse de l'homme ne doit pas commencer dès ses premières années, mais qu'elle doit être ajournée jusqu'à l'époque où sa raison est déjà mûre, on comprend quelle influence l'opinion de ces écrivains peut exercer sur la direction des esprits, et quels arguments nouveaux elle prête aux adversaires de toute religion. Telles sont les diverses origines du dévergondage de sentiments et d'idées auquel nous assistons. La responsabilité en remonte aux philosophes du siècle dernier, d'abord aux encyclopédistes, comme Diderot, d'Alembert, d'Holbach, et à la foule de leurs sectateurs; en second lieu, à Rousseau qui ne partageait pas le matérialisme de ses contemporains, mais qui croyait pouvoir former le cœur et l'esprit d'*Émile*, sans faire luir à ses yeux, dès son plus jeune âge, l'idée de Dieu. Ce sont les erreurs de ces sophistes, si opposés entre eux sur tant de points, dont nous recueillons aujourd'hui les funestes fruits.

Cependant quelques ravages que des théories décevantes eussent produits dans beaucoup d'âmes longtemps avant la chute de l'ancienne monarchie, les plans d'éducation qui se succédèrent depuis l'expulsion des Jésuites jusqu'à la Révolution française, ne présentent rien qui soit directement hostile aux idées religieuses. Nous avons sous les yeux les Mémoires de la Chalotais et de Guyton de Morveau présentés, l'un en 1763, au parlement de Bretagne, l'autre en 1764, au parlement de Bourgogne[1]. Les auteurs se montrent certainement peu favorables au clergé ; sur la vie monastique ils portent les jugements les plus amers et les plus injustes ; mais il ne leur vient pas à la pensée de supprimer dans les écoles l'enseignement des vérités chrétiennes, et encore moins celui de la religion naturelle. « La religion doit marcher avant tout dans l'éducation, » écrivait Guyton de Morveau, et assurément la Chalotais n'aurait pas désavoué cette parole de son collègue. Talleyand lui-même, dans le célèbre rapport sur l'instruction publique, qu'il soumit à l'Assemblée constituante, le 11 septembre 1791, au nom du Comité de constitution, ne manqua pas de faire figurer parmi les matières de l'enseignement primaire « les principes de la religion et les éléments de la morale. »

Avec Condorcet et l'Assemblée législative nous entrons dans une voie tout opposée. Dans un rapport, lu aux séances du 21 et du 22 avril 1792[2], Condorcet, le premier, se fit l'interprète du système qui sépare absolument la morale de la religion, et qui ferme la porte à tous les catéchismes, excepté au catéchisme des devoirs de l'homme et du citoyen. « La constitution, disait-il, en reconnaissant le droit qu'a chaque individu de choisir son culte, en établissant une entière égalité entre tous les habitants de la France, ne permet point d'admettre dans l'instruction publique un enseignement qui, en repoussant les enfants d'une partie des citoyens, détruirait l'égalité des avantages sociaux, ou donnerait à des dogmes particuliers un avantage contraire à la liberté des opinions... D'ailleurs, continuait Condorcet, combien n'est-il pas important de fonder la morale sur les seuls principes de la raison ! Quelque changement que subissent les opinions d'un homme dans le cours de la vie, les principes établis sur cette base resteront toujours également vrais ; ils seront toujours invariables comme elle ; il les opposera aux tentatives qu'on pourrait

---

[1] *Essai d'éducation nationale ou plan d'études pour la jeunesse*, par messire Louis-René de Caradeuc de la Chalotais, procureur général du roi au parlement de Bretagne, 1763, in-12. — *Mémoire sur l'éducation publique*, par M. Guyton de Morveau, avocat général du roi au parlement de Bourgogne, 1764, in-12.

[2] Buchez et Roux, *Histoire parlementaire de la Révolution française*, t. XXII, p. 190 et suiv.

aire pour égarer sa conscience… » Plus loin, dans les notes qu'il a jointes à son rapport, Condorcet déclare que « toute religion particulière est mauvaise, parce qu'elle dirige nécessairement vers un but qui lui est propre, et si elle a des prêtres, vers l'intérêt de ces prêtres, ces mêmes sentiments religieux qu'on suppose nécessaires à la morale. De quelque opinion que l'on soit sur l'existence d'une cause première, on ne peut soutenir qu'il soit utile d'enseigner la mythologie d'une religion, sans dire qu'il peut être utile de tromper les hommes… » Telle est la première conclusion de Condorcet. Mais quoi ! les dogmes qui composent ce qu'on appelle la religion naturelle ne devront-ils pas être épargnés, comme étant la foi constante de l'humanité, et le véritable cri de la nature ? Non, répond l'impitoyable logicien ; la proscription doit aussi les atteindre ; « car les philosophes théistes ne sont pas plus d'accord que les théologiens sur l'idée de Dieu et sur ses rapports moraux avec les hommes. »

Voilà la théorie de l'école sans Dieu ; rien n'y manque. Elle vient d'apparaître dans l'Assemblée des représentants de la France, et du premier coup, à la voix d'un législateur abusé par des utopies, elle atteint le dernier terme où l'impiété légale puisse arriver. Condorcet a eu le malheur et la honte d'y avoir attaché son nom ; et ce n'est pas sans une tristesse profonde que nous constatons cette humiliation suprême d'un noble esprit qui aimait d'un sincère amour la science et l'humanité, et que les fausses maximes, qui de son temps étaient dans l'air, ont finalement perdu.

Les articles de loi servant de conclusion au rapport de Condorcet, ne furent ni votés ni même discutés par l'Assemblée législative ; mais la pensée générale qui s'en dégageait reparut à la Convention. Vers la fin du mois de novembre 1792, Lanthenas présenta un nouveau projet aux termes duquel « l'enseignement devant être commun à tous les citoyens, sans distinction de culte, tout ce qui concernait les cultes religieux devait être enseigné dans les temples ». Il y a plus : « Les ministres d'un culte quelconque ne pouvaient être admis aux fonctions de l'enseignement public dans aucun degré, qu'en renonçant à toutes les fonctions de leur ministère[1]. » Dans le cours de la discussion qui eut lieu au mois de décembre, un obscur député qui s'appelait Jacob Dupont, professa ouvertement l'athéisme. « Quoi ! s'écria-t-il[2], les trônes sont renversés, les sceptres brisés, les rois expirent, et les autels des dieux restent debout encore ! Un souffle de la raison suffit pour les faire disparaître. Et si l'humanité

---

[1] Buchez, *Hist. parl.*, t. XXII, p. 216 et suiv.
[2] Buchez, *ibid.*, p. 259 et suiv.

est redevable à la nation française du premier bienfait, peut-on douter que le peuple français souverain ne soit assez sage pour renverser aussi et les autels et les idoles aux pieds desquels les rois avaient su la faire enchaîner... Je l'avouerai de bonne foi à la Convention : je suis athée... » Ce malheureux est mort fou [1]. De vives et nombreuses protestations, il faut le reconnaître, avaient accueilli sa déclaration impie. L'immense majorité de la Convention abhorrait ou méprisait le christianisme, mais un certain nombre de ses membres n'avait pas abjuré toute croyance religieuse, et beaucoup de ceux qui ne croyaient à rien, inclinaient néanmoins à penser qu'« une religion est nécessaire au peuple, et que, pour assurer le règne de la morale et des lois, une sage politique conseille d'inculquer aux citoyens la foi dans un être suprême et dans l'immortalité de l'âme. »

« Nous n'avons pas voulu anéantir la superstition, s'écriait un jour Danton, pour établir le règne de l'athéisme ! » De là cet étrange culte de la raison, qu'on essayait de substituer à l'antique religion de la France ; de là ce discours mémorable dans lequel Robespierre, après avoir couvert de ruines le sol de la patrie, essayait de ranimer au fond des cœurs le sentiment de la divinité, et de les élever au-dessus de la terre et au-dessus d'eux-mêmes [2].

« Toute institution, disait-il, toute doctrine qui console et qui élève les âmes doit être accueillie ; rejetez toutes celles qui tendent à les dégrader et à les corrompre... Qui donc t'a donné la mission d'annoncer au peuple que la divinité n'existe pas, ô toi qui te passionnes pour cette aride doctrine, et qui ne te passionnas jamais pour la patrie ? Quel avantage trouves-tu à persuader à l'homme qu'une force aveugle préside à ses destinées et frappe au hasard le crime et la vertu, que son âme n'est qu'un souffle léger qui s'éteint aux portes du tombeau ? L'idée de son néant lui inspirera-t-elle des sentiments purs et plus élevés que celle de son immortalité ? Lui inspirera-t-elle plus de respect pour ses semblables et pour lui-même, plus de dévouement pour la patrie, plus d'audace à braver la tyrannie, plus de mépris pour la mort ou pour la volupté ?... L'idée de l'être suprême et de l'immortalité de l'âme est un rappel continuel à la justice, elle est donc sociale et républicaine. »

Ces paroles, les plus judicieuses, et il nous sera permis d'ajouter les plus éloquentes que Robespierre ait prononcées, étonnaient et captivaient la Convention peu de temps avant le jour où le sanguinaire tribun devait aller rejoindre sur l'échafaud les nombreuses victimes de sa tyrannie. Peut-être, s'il avait vécu, aurait-il cherché à intro-

---

[1] Barante, *Histoire de la Convention nationale*, t. IV, p. 36.
[2] Buchez, *Hist. parl.*, t. XXXII. p. 353 et suiv.

duire dans le programme des écoles publiques quelques éléments de religion empruntés à la *Profession de foi du vicaire savoyard*. Mais, après lui, les théories qu'il avait déclarées corruptrices des mœurs et mortelles pour le patriotisme, reprirent leur cours et devinrent de plus en plus dominantes au sein de la Convention, tandis qu'elles causaient de nouveaux ravages dans le pays. On avait perdu le sens du divin, on s'appliquait à l'étouffer dans le cœur du peuple, et pour combler le vide qu'il y laissait, on s'épuisait en décrets stériles, les uns ridicules, les autres odieux. En parcourant l'histoire de ces temps néfastes, la pensée est confondue des extravagances, et souvent même des niaiseries, qu'a pu inspirer à une assemblée politique la prétention de remplacer les croyances religieuses dans l'éducation de la jeunesse. L'enseignement de la morale républicaine, et surtout celui de la constitution dans toutes les écoles de France; des ouvrages scolaires en l'honneur des citoyens qui ont combattu contre les rois pour la liberté et pour l'égalité; des fêtes civiques substituées aux solennités du catholicisme; des diatribes, des promesses, de fastueux mensonges : voilà tout ce qu'a pu inventer, pour se passer de Dieu, l'impiété de ces législateurs qui se disaient appelés à régénérer la France, et par la France, le genre humain.

Cependant il se fermait plus d'écoles qu'il ne s'en ouvrait; celles que le gouvernement parvenait à établir n'étaient pas fréquentées, beaucoup de familles préférant pour leurs enfants l'ignorance à l'athéisme. « On n'apprend plus à lire ni à écrire, » s'écriait avec douleur Fourcroy. Le Directoire ne sut apporter aucun remède sérieux à cette lamentable situation. Au Conseil des Cinq-Cents, comme à celui des Anciens, la tribune retentissait d'éloquents discours en faveur des lumières et à la gloire des progrès de l'esprit humain; les plans d'éducation se multipliaient, et quelquefois ils avaient pour auteur des hommes de sens et d'expérience, tels que Daunou. Mais la même pensée, étroite et opiniâtre, persistait. On poursuivait le même but que Condorcet avait marqué, et que la Convention n'avait pas cessé de poursuivre, même lorsqu'elle protestait contre l'athéisme et qu'elle accompagnait Robespierre à la fête de l'Être suprême. On était à la recherche d'une organisation scolaire de laquelle tout élément religieux serait écarté; et comme une pareille organisation est contraire à la nature des choses, les efforts tentés pour la réaliser n'aboutissaient pas, ou ne donnaient aucun résultat durable. Que de projets, que de lois, que de règlements, ont été discutés et même votés, qui le lendemain ont disparu, en laissant à peine une trace équivoque, indigne du souvenir de l'histoire !

Le pays s'aperçut enfin que le régime auquel des novateurs imprévoyants l'avaient soumis conduisait par une pente rapide à l'abrutissement des esprits et à la dépravation des mœurs. Voulons-nous savoir comment la France, à la veille du Concordat, jugeait elle-même sa propre situation? Rappelons-nous les témoignages accablants des Conseils généraux, que Portalis a résumés dans son discours au Corps législatif du 15 germinal an X[1].

« Il est temps que les théories se taisent devant les faits. Point d'instruction sans éducation, et point d'éducation sans morale et sans religion. Les professeurs ont enseigné dans le désert, parce qu'on a proclamé imprudemment qu'il ne fallait pas parler de religion dans les écoles. L'instruction est nulle depuis dix ans. Les enfants sont livrés à l'oisiveté, au vagabondage le plus alarmant. Ils sont sans idée de la divinité, sans notion du juste et de l'injuste. De là des mœurs farouches et barbares, de là un peuple féroce. Si l'on compare ce qu'est l'instruction avec ce qu'elle devrait être, on ne peut s'empêcher de gémir sur le sort qui menace les générations présentes et futures. »

Ainsi pensaient les Conseils généraux. Portalis avait le droit de dire que « toute la France appelait la religion au secours de la morale et de la société. Le Concordat de 1802 fut l'accomplissement de ce vœu vraiment national. La restauration du culte dans les églises entraîna celle des écoles, où les enfants étaient élevés dans la connaissance de Dieu.

II

De longues années s'écoulèrent durant lesquelles il ne fut plus question des utopies révolutionnaires en matière d'éducation. On a le droit de se sentir peu de goût pour le monopole universitaire et de lui reprocher d'avoir été aux mains du gouvernement impérial un instrument de despotisme. Il faut reconnaître cependant que le décret de 1808, qui a organisé l'Université de France, lui avait agrégé les Frères des écoles chrétiennes, et qu'il avait donné pour base à son enseignement les préceptes de la religion catholique. Si les partisans de la liberté se plaignirent justement des chaînes qui lui étaient imposées, les amis éclairés de leur pays durent se féliciter que dans les écoles publiques la religion cessât d'être avilie et proscrite. Qu'eût dit le sévère empereur, quelle admonestation courroucée n'eût-il pas fait entendre, si quelque disciple attardé de Rousseau ou de Condorcet eût exprimé l'avis de faire disparaître le crucifix dans les classes primaires, ou de supprimer l'emploi d'aumônier dans les lycées!

---

[1] Portalis, *Discours, rapports et travaux inédits sur le Concordat de 1801*, Paris, 1845, in-8°, p. 13 et suiv.

La même situation se continua sous le gouvernement de la Restauration. Après la Révolution de Juillet, une des grandes affaires qui s'imposaient à la nouvelle monarchie, celle, de l'avis de tous, qu'elle sut le mieux régler, c'était l'organisation de l'enseignement populaire. Les héritiers des maximes qui avaient prévalu sous la Convention et sous le Directoire, crurent un moment que l'occasion était favorable pour les faire revivre au moins en partie. Le vieux Daunou, chargé d'années, mais resté fidèle aux opinions de sa jeunesse, dressa en 1831, au nom d'une commission de la Chambre des députés[1], un programme aux termes duquel l'instruction religieuse, abandonnée aux ministres du culte, devait être remplacée dans les écoles par des « notions sur les droits et les devoirs politiques et sociaux ». Par une contradiction singulière, le rapport qui accompagnait ce programme reconnaissait que « la première éducation doit avoir un caractère religieux »; aussi le curé de chaque canton était-il admis à faire partie du comité cantonal des écoles en qualité de membre de droit. Le projet n'ayant pas abouti, un projet nouveau fut présenté par M. Guizot au commencement de 1833. Toute équivoque alors disparut, et une commission qui eut M. Renouard pour rapporteur déclara de la manière la plus nette, d'accord avec le gouvernement, que l'instruction morale et religieuse ne devait pas être enfermée dans les églises et dans les temples, qu'elle faisait nécessairement partie de l'instruction primaire, donnée par chaque instituteur aux enfants qui fréquentaient son école.

Il faut relire les belles et décisives paroles qui furent alors prononcées par M. Renouard sur ce grave sujet : « L'instruction religieuse, disait-il[2], n'est pas de nature à être concentrée dans le cercle étroit de quelques leçons. Elle ne saurait être, dès le premier âge, présentée sous trop de formes à tous les esprits. Elle se mêle, comme la morale, aux plus simples paroles qu'on adresse à l'enfance. Nous voulons tous le succès des écoles. Réfléchissez si les parents seraient appelés par un attrait bien puissant à y envoyer leurs enfants, après qu'il aurait été officiellement déclaré par la loi, que les saintes Écritures, que le Catéchisme, que l'Histoire sacrée ne pourraient plus y être adoptés comme livres de lecture; car, pour peu que l'on tienne à se montrer conséquent, il est inévitable d'aller jusque-là, si l'on interdit aux instituteurs de s'immiscer dans l'instruction religieuse. Croyez bien qu'une partie considérable de la population, mue par un sentiment digne de nos respects, reculerait loin de nos écoles, si, sans égard à l'état des mœurs et

[1] Séance de la Chambre des députés du 22 novembre 1831.
[2] Séance du 4 mars 1833.

brisant de longues habitudes, nous ne permettions aux parents
d'y retrouver aucun de ces livres auxquels une longue vénération
s'attache et si l'on n'y redisait jamais quelqu'une de ces prières
et de ces leçons que les pères et mères ont eux-mêmes entendues
dans leur enfance, et qu'ils se regarderaient comme coupables,
de ne pas mettre au-dessus de tous les autres enseignements. »

Était-ce un adversaire des idées libérales, que M. Renouard?
Assurément non. Ancien élève de l'École normale, devenu un peu
plus tard avocat, il avait fait campagne sous la Restauration avec
les libéraux ; et dans le cours de sa longue carrière, il a donné
des preuves éclatantes du jugement le plus ferme, du caractère
le plus indépendant et le plus honorable. Mais il avait un admirable bon sens, il connaissait les conditions auxquelles l'existence
des sociétés est attachée, et il ne consentait à fermer aucune des
voies par lesquelles les vérités religieuses pénètrent dans l'âme de
l'enfant.

M. Cousin pensait sur ce point comme M. Renouard, et chargé, à
la Chambre des pairs, du rapport sur le projet de loi relatif à l'instruction primaire, « Il est nécessaire, disait-il[1], que parmi les divers
objets de l'instruction primaire, l'éducation morale et religieuse ait
le rang qui lui appartient, c'est-à-dire le premier ; car c'est l'éducation morale qui seule peut faire des hommes et des citoyens, et il n'y
a pas d'éducation morale sans religion. Cette maxime de l'expérience, écrite en quelque sorte à la tête de la loi, lui conciliera le
respect des gens de bien, le concours de tous les pères de famille,
facilitera son exécution, et en fera aux yeux de l'Europe entière,
une loi digne d'une grande nation civilisée. »

Et comment s'exprimait trente ans plus tard M. Guizot[2] en se
reportant à cette loi célèbre de 1833 qui fut en grande partie son
ouvrage et qui restera son éternel honneur? « Pour que l'instruction
primaire soit vraiment bonne et socialement utile, il faut qu'elle soit
profondément religieuse. Et je n'entends pas seulement par là que
l'enseignement religieux doit y tenir sa place, et que les pratiques
de la religion y doivent être observées; un peuple n'est pas élevé
religieusement à de si petites et si mécaniques conditions ; il faut
que l'éducation populaire soit donnée et reçue au sein d'une atmo-
sphère religieuse, que les impressions et les habitudes religieuses y
pénètrent de toutes parts. La religion n'est pas une étude ou un
exercice auquel on assigne son lieu et son heure ; c'est une foi, une

---

[1] Séance de la Chambre des pairs du 21 mai 1833. Le rapport de M. Cousin
a été réimprimé dans la collection de ses œuvres qui a paru en 1850, in-12,
Vme série, *Instruction publique*, t. I, p. 23 et suiv.

[2] *Mémoires pour servir à l'histoire de mon temps*, t. III, p. 69.

loi qui doit se faire sentir constamment et partout, et qui n'exerce qu'à ce prix, sur l'âme et la vie, toute sa salutaire action... »

Combien d'autres témoignages nous pourrions citer, qui sont tombés peu à peu dans l'oubli comme devenus inutiles, tant il semblait que la cause fût entendue, que la conscience du juge qui était le pays, fût pleinement éclairée, que sa sentence, acceptée par tous, dût rester la garantie de l'avenir comme elle était la loi du présent! Mais de même qu'on ne découvre pas la vérité sans de longs efforts, de même, après l'avoir découverte, on n'en conserve pas le dépôt sans beaucoup de vigilance ni beaucoup de luttes.

Lorsque la révolution de Février eut troublé inopinément la quiétude dans laquelle s'endormait, sous la monarchie de Juillet, une partie de la société française, les utopies reparurent, M. Hippolyte Carnot, alors ministre de l'instruction publique, soumit à l'Assemblée nationale, un projet de décret[1] qui faisait entrer dans le programme de l'enseignement primaire « la connaissance des droits et des devoirs de l'homme et du citoyen, le développement des sentiments de liberté, d'égalité, de fraternité, » mais qui, effaçant de ce programme l'instruction religieuse, laissait aux ministres des différents cultes le soin de la répandre. Et cependant M. Carnot se gardait de méconnaître la vertu sociale de la religion; loin de repousser le concours du clergé, il y faisait appel, un « appel sincère, » disait-il, et pourquoi? « parce qu'il n'y a point de base plus solide et plus générale à l'amour des hommes, que celle qui se déduit de l'amour de Dieu. » Paroles très sensées que le parti républicain aurait dû ne jamais oublier!

Le projet de M. Carnot ne fut pas discuté par l'Assemblée constituante; mais nous tenons à constater qu'il avait échoué devant la commission chargée de l'examiner. « Dans le programme des écoles primaires, dit le rapport de M. Barthélemy Saint-Hilaire, votre commission a rétabli, à l'unanimité et sans discussion, l'instruction morale et religieuse. La république aurait tort, en ce délicat sujet, d'entrer dans une voie nouvelle, que peuvent conseiller, sans doute, de graves motifs, mais qui, au fond, n'est pas la bonne. Dans les pays mêmes où, par un respect scrupuleux pour la liberté de conscience, on a posé des limites à l'enseignement religieux, cette interdiction ne porte que sur les points du dogme controversé par les sectes. C'est ainsi qu'en Hollande, tout en proscrivant l'enseignement d'opinions particulières, on impose cependant à toutes les

---

[1] *Projet de décret relatif à l'enseignement primaire*, présenté par le citoyen Carnot, ministre de l'instruction publique. Séance du 30 juin 1848.

[2] Ce rapport, déposé dans la séance du 10 avril 1849, a été imprimé comme document législatif. Il forme 122 pages in-4°.

écoles un enseignement chrétien dont les principes sont acceptés par toutes les églises sans distinction. »

Ainsi, à peine une année après la révolution de Février, dans ce grand mouvement politique et social, dans ce trouble extrême des esprits dont la chute de la royauté avait donné le signal, une assemblée républicaine, issue du suffrage universel, a repoussé comme l'avaient repoussé le Consulat, le premier Empire, la Restauration et la monarchie de Juillet, l'idée de séparer la religion et l'éducation populaire. Si la fidèle expression des vœux et de la pensée du pays ne se trouve pas là, où donc est-elle ? Nous entendons d'ici la réponse : on nous dira que les dispositions des esprits sont changeantes ; que les idées d'un temps ne sont pas celles d'un autre temps ; que les préjugés ne résistent pas aux progrès des lumières, aux leçons de l'expérience, et qu'après tout c'est le droit et le devoir du savant, devenu homme d'État, de faire luire, fût-ce malgré elles, devant la superstition et l'ignorance, le flambeau de la raison. Tel est le langage despotique et présomptueux que tenaient les terroristes de 1793, lorsqu'ils faisaient peser sur les populations le joug sanglant de leur impiété. Tels sont les calculs arrogants que leurs adeptes renouvellent aujourd'hui, sans pitié pour les générations qui commencent l'apprentissage de la vie. Mais, dirons-nous à notre tour, les jugements du passé, quand ils se sont reproduits sous tant de régimes, ne sont-ils pas d'un grand poids ? Leur autorité peut-elle être balancée par les caprices de quelques arbitres sans mandats ? Et ne forment-ils pas une sorte de jurisprudence d'autant plus respectable qu'elle a été confirmée d'âge en âge par des magistratures différentes ?

La loi du 15 mars 1850 donna une solennelle consécration aux vérités sociales, que la législation antérieure avait reconnues. À peine la définition traditionnelle de l'instruction primaire trouva-t-elle dans le sein de l'Assemblée législative quelques contradicteurs timides, qui bornaient leurs vœux, ou du moins qui réduisaient leurs propositions à demander que l'enseignement religieux fût donné dans les écoles publiques « sans acception des dogmes particuliers des diverses communions ». Tel fut l'objet d'un amendement présenté et développé par M. Edgard Quinet, comme la conséquence du principe sur lequel reposait, suivant lui, la société actuelle, à savoir, la séparation du domaine laïque et du domaine ecclésiastique. M. Delbetz appuya la proposition de M. Quinet, laquelle fut combattue par M. Salmon (de la Meuse), comme une nouveauté contraire à l'esprit de l'éducation. L'amendement n'eut aucune suite, et ses rares défenseurs ne songèrent même pas à réclamer le scrutin, qui n'aurait servi qu'à constater leur petit nombre. Nulle voix ne s'éleva pour demander la suppression absolue de l'instruction religieuse. On sait d'ailleurs que la loi du 15 mars 1850 fut votée à une immense majorité qui comprenait les noms les plus illustres du parti libéral, ainsi que M. de Falloux le rappelait, il y a quelques semaines, avec une juste fierté, dans une admirable conférence.

Le coup d'État du 2 décembre entraîna la nation dans des voies opposées à celles où elle marchait depuis 1815. Il n'était pas dans l'intérêt du gouvernement nouveau, et il n'entrait pas non plus dans ses desseins de troubler les consciences, en travaillant à effacer du cœur des enfants le nom et l'amour de Dieu.

Sous le second Empire, plusieurs décrets et plusieurs lois sur l'instruction publique ont vu le jour; les garanties qui protégeaient la liberté de l'enseignement furent sensiblement restreintes; plus d'une fois l'exercice des droits que le clergé tenait de la loi, l'action de la charité elle-même, furent entravés par des interprétations qui témoignaient plus d'injuste méfiance et de mauvais vouloir que d'équité; mais on ne citerait pas un acte ni une parole authentique de l'empereur Napoléon III ou de ses ministres qui permît de leur attribuer l'intention de porter atteinte à l'instruction religieuse dans les écoles.

Nous arrivons, en suivant l'ordre des années, à la date du 4 septembre et aux saturnales qui ont suivi le désastre de Sedan et la chute de l'établissement impérial. Ce sont de bien douloureux souvenirs que les défaites multipliées de nos armées et l'invasion de notre territoire par l'ennemi; mais ces souvenirs sont moins humiliants pour l'orgueil national que les stupides violences par lesquelles se signalèrent, dans quelques villes, le fanatisme révolutionnaire et l'impiété. Qui ne voudrait effacer de sa mémoire et les exploits du sieur Mottu, au faubourg Saint-Antoine, contre les emblèmes religieux, y compris le crucifix, et le brigandage des mobiles de Lyon, s'établissant, avec la connivence de l'autorité publique, à Caluire, au noviciat et dans la maison des Frères des Écoles chrétiennes, seuls propriétaires légitimes du terrain et des bâtiments? Tandis que ces honteux excès, prélude sinistre des crimes de la Commune, causaient l'indignation de tous les gens de bien, des voix radicales ne cessaient de réclamer ce qu'elles appelaient l'instruction laïque, c'est-à-dire l'instruction dégagée de tout élément religieux. Ce vœu, que l'immense majorité de l'Assemblée nationale repoussait, retentit avec plus de force après que de nouvelles élections eurent fait passer le pouvoir aux mains des amis de M. Gambetta, qui avait tant de fois agité les masses populaires en leur criant : « Le cléricalisme, voilà l'ennemi! » C'est alors que le Conseil municipal de Paris s'est enhardi à ces délibérations qui ont attristé si profondément tous les amis éclairés des institutions républicaines, et par lesquelles il a proscrit, en présence du préfet de la Seine et de l'inspecteur d'Académie, silencieux l'un et l'autre, et l'enseignement chrétien, et les maîtres qui le donnent, et jusqu'aux livres consacrés à la démonstration des croyances universelles du genre humain. Quelque chose de plus grave, de plus digne d'attention que ces votes insensés d'une majorité qui ne représente pas, quoi qu'elle prétende, les vrais sentiments de la population de Paris, mais aussi quelque chose de moins franc, à notre avis, ce sont les rapports rédigés par M. Paul Bert au nom de la commission de la Chambre chargée de l'examen des nombreux projets relatifs à l'instruction primaire, qui sont émanés, les uns de l'initiative parlementaire, les autres du gouvernement. Ces rapports sont au nombre de deux, que M. Bert a déposés le 6 décembre 1879 et le 11 mai 1880. Le premier est tout un traité sur la matière, traité habilement composé et aussi complet que les opinions de l'auteur lui permettaient de l'écrire. Nous n'avons pas l'intention d'en embrasser toutes les parties; nous examinerons seulement ce qui se rapporte d'une manière plus spéciale à notre sujet.

Dès les premières pages, M. Paul Bert nous déclare sa pensée, qui est aussi celle de la commission dont il est l'organe : imposer aux parents l'obligation légale de mettre leurs enfants des deux sexes en situation d'acquérir « l'ensemble des connaissances élémentaires dans le domaine des sciences positives, en dehors de toute hypothèse religieuse et de tout enseignement de dogme. » Le premier motif aux yeux de M. Bert pour fermer à la religion les portes de l'école, c'est l'obligation même que la loi nouvelle va imposer aux familles. Voilà un père de famille qui ne croit à rien; l'obligera-t-on à envoyer son enfant suivre les leçons d'un maître qui lui enseignera la foi en Jésus-Christ, ou même seulement la foi en Dieu? Ce serait violenter sa conscience et attenter en sa personne à un droit imprescriptible. Veut-on assurer le respect de ce droit? Il est indispensable que pas un dogme, quel qu'il puisse être, pas même celui de l'existence divine, n'ait la permission de franchir le seuil de l'école. Ce qui fortifie cette conclusion, d'après l'auteur du rapport, c'est qu'elle seule assure la liberté de l'instituteur aussi bien que celle des parents; car, dans l'hypothèse contraire, qui est l'état actuel, l'instituteur est assujetti à beaucoup de devoirs qui peuvent blesser ses convictions personnelles. Ainsi, pour obtenir son brevet, il est tenu de subir un examen sur des matières qui touchent au culte même, alors qu'il ne professe aucun culte. S'il veut fonder une école privée dans laquelle l'instruction religieuse ne soit pas donnée, il en est empêché par la loi ; s'il passe outre, il s'expose à être interdit à tout jamais de sa profession. Enfin quel besoin la République française a-t-elle de l'enseignement religieux dans les classes ouvertes à l'enfance? Suppose-t-on qu'en exposant avec méthode aux enfants leurs devoirs envers eux-mêmes, envers leurs semblables et envers l'État, un maître habile ne leur persuadera pas, même sans prononcer le nom de Dieu, qu'il est de leur intérêt de les bien remplir? Suppose-t-on qu'il ne réussira pas à leur en faire contracter l'habitude? La morale religieuse ne diffère de la morale humaine « que par l'hypothèse de son origine révélée ». La morale humaine suffit pour former de bons citoyens.

Nous croyons avoir résumé fidèlement les principaux arguments que M. Paul Bert invoque à l'appui de la thèse qu'il défend. Mais, à l'exemple de beaucoup d'hommes de science, fussent-ils physiologistes plutôt que mathématiciens, M. Bert ne s'arrête pas volontiers à moitié route ; il aime à tirer les conséquences de ses propres maximes. Or, après avoir enlevé l'instruction religieuse du programme de l'enseignement primaire, n'était-il pas conduit à écrire dans son projet de loi, que désormais l'enseignement dans les écoles publiques ne pourrait plus être confié à des prêtres ou à des religieux? Comme il en fait lui-même la remarque, et sur ce point seul nous ne le contredirons pas, « la mission que des prêtres ou des religieux se croient appelés à remplir, les vœux solennels qu'ils ont contractés, leur font un devoir de donner le premier rang à l'enseignement des dogmes de la religion à laquelle ils appartiennent. En faire des instituteurs publics et leur interdire en même temps de donner l'instruction religieuse à leurs élèves, ce serait les placer entre deux devoirs, avec l'obligation de manquer à l'un d'eux : faute la plus grave qu'un législateur puisse commettre. Or, de ces deux devoirs, l'un simplement légal et d'origine humaine, l'autre sacré et d'origine divine, il n'est pas difficile de deviner lequel l'emporterait. D'ailleurs, il est vraisemblable qu'aucun d'eux n'accepterait une situation aussi périlleuse, et l'on peut dire aussi immorale. »

Il fallait se borner à ces simples observations ; mais M. Paul Bert saura-t-il jamais réfréner son ardeur de sectaire, quelques mécomptes qu'elle lui ait déjà valus? Afin de justifier l'interdiction dont il entend frapper tout le personnel qui porte un habit religieux, il a dirigé contre le sacerdoce catholique une diatribe aussi usée qu'elle est violente. « Ceux-là sont peu propres à préparer des enfants à la vie de famille et à l'activité sociale, ose-t-il écrire, qui ne connaissent ni les joies, ni les charges de la famille, ni les devoirs et les besoins de la société ; qui font profession de tenir le mariage pour un état inférieur, de dédaigner et de traiter de vanités du siècle cet amour du progrès matériel, intellectuel et moral, qui pousse en avant les sociétés modernes ; ceux-là sont peu propres à former des hommes libres, qui sont liés par des vœux d'humilité et d'obéissance passive ; ceux-là sont peu propres à parler de la patrie, qui ont juré d'obéir aveuglément à des chefs étrangers, etc., etc., etc. »

Comme ces invectives banales, ramassées dans les pamphlets les plus décriés, sont bien dans le ton et dans les habitudes de l'orateur qui s'est signalé tant de fois, sans profit pour sa renommée, par ses paroles haineuses et ses infidélités historiques ! Nous ne ferons pas à de pareilles misères l'honneur de nous y arrêter.

La conclusion de cette partie du rapport de M. Bert sort tout naturellement des prémisses qu'il a posées : « L'enseignement dans les écoles publiques ne comprend pas les matières religieuses et ne peut être donné par des personnes liées par des vœux ou engagées dans les ordres religieux... Il est laïque quant aux matières, et laïque quant au personnel. »

Nous ne mettons pas en doute que cette conclusion ne répondît très exactement à la pensée intime de M. Ferry. N'a-t-il pas déclaré devant la commission de la Chambre qu'il était animé des mêmes sentiments, qu'il poursuivait le même but qu'elle-même? Cependant, comme il est aujourd'hui ministre de l'instruction publique et que le maniement des affaires a dû lui enlever, sinon ses passions qui sont toujours très ardentes, du moins beaucoup de ses illusions, il n'a pas été médiocrement effrayé de la double perspective qui s'offrait à lui : plus d'enseignement religieux dans les écoles publiques, plus de Frères, plus de Sœurs, plus de prêtres pour les diriger. Que répondrait-il aux familles qui n'ont point encore abjuré tout sentiment chrétien? Comment comblerait-il le vide immense que laisserait l'expulsion de tant de maîtres excellents? M. Ferry jugea qu'on s'était trop hâté, et il essaya de faire entendre raison à M. Bert et à ses collègues, déclarant que l'opinion ne lui paraissait pas mûre pour les réformes trop radicales qu'ils avaient proposées. Il aurait voulu que la commission s'en tînt pour cette fois aux articles qui concernaient l'obligation et la gratuité, et qu'elle ajournât les autres parties de son projet. Mais les ministres qui nous gouvernent à cette heure ne se montrent inflexibles, qui ne le sait? qu'à l'égard des communautés religieuses, et pour parler exactement, qu'à l'égard des catholiques. M. Ferry recula devant un conflit avec de puissants amis, dont il partageait dans son for intérieur les opinions, et il se décida, sans beaucoup de chagrin, nous en sommes persuadé, à faire des concessions. Il partagea, comme on dit, le différend par la moitié ; il fit disparaître l'instruction religieuse de de la définition des matières obligatoires de l'enseignement élémentaire, mais il demanda qu'il ne fût pas question, pour le moment, du personnel : ce qui semblait rendre possible, tout au moins provisoirement, le maintien des membres des congrégations religieuses et du clergé séculier dans la direction des écoles communales.

Voici les termes de la rédaction proposée par M. le ministre de l'instruction publique ; « L'enseignement religieux ne fait plus partie des matières obligatoires de l'enseignement primaire. Le vœu des familles sera toujours consulté et suivi en ce qui concerne la participation de leurs enfants à l'instruction religieuse. L'instruction religieuse sera donnée aux enfants des écoles primaires publiques par les ministres des différents cultes. Cet enseignement sera donné aux heures et dans les conditions déterminées par le règlement des écoles, soit dans les édifices consacrés au culte ou dans leurs dépendances, soit, si les ministres du culte le demandent, dans des locaux scolaires. »

Cet amendement laissait, comme on voit, une grande latitude à l'autorité administrative. L'instruction religieuse perdait, à la vérité, le caractère obligatoire qu'elle a eu jusqu'ici ; mais elle n'était pas légalement bannie de l'école ; par conséquent, elle pouvait y rentrer ; l'instituteur d'une commune catholique pouvait obtenir l'autorisation de faire répéter, comme par le passé, le catéchisme à ses élèves. D'autre part, sur la demande des curés et des pasteurs, les locaux scolaires, aux termes même de l'amendement, devaient être mis à leur disposition pour y venir donner l'enseignement religieux. Mais ces prudentes, ces opportunes atténuations ne furent pas acceptées par la commission qui maintint sa pensée primitive par la rédaction suivante : « L'instruction religieuse ne sera plus donnée dans les écoles primaires publiques des divers ordres ; elle sera facultative dans les écoles privées. Le règlement des écoles publiques, édicté par l'administration de l'instruction publique, déterminera les heures qui devront rester libres, pour que les enfants puissent, au gré de leurs parents, aller recevoir, en dehors des bâtiments scolaires, l'enseignement religieux de la bouche des ministres des différents cultes. »

M. Jules Ferry n'a eu gain de cause que sur un seul point : la commission ne lui a pas refusé l'ajournement des dispositions relatives au personnel enseignant. Dans le projet que M. Paul Bert a déposé sur le bureau de la Chambre des députés, au mois de mai dernier, on ne lit donc plus ce brutal article du projet primitif : « Les fonctionnaires de l'enseignement primaire public doivent... n'appartenir à aucun ordre, institut, communauté, congrégation, et généralement à aucune association religieuse ; n'être ministre d'aucun culte. » Nous comprenons qu'un gouvernement régulier, s'appelât-il la république, recule devant cette mise hors la loi de tous ceux qui, dans le pays, se sont voués d'une manière plus spéciale, au service de Dieu et des pauvres. Mais le succès de M. Ferry se réduit en réalité à peu de chose, et les catholiques ont plutôt à le regretter qu'à s'en féliciter, en présence de l'impiété légale qui menace d'envahir les écoles officielles. A quoi servira-t-il de n'avoir pas exclu de l'enseignement les ministres du culte et les membres des congrégations, si la religion elle-même doit en être exclue? Nous insistons sur ce point capital déjà touché par M. Bert, dans un passage de son premier rapport que nous avons cité plus haut: effacer l'instruction religieuse du programme des études primaires, c'est écarter du même coup les maîtres qui ont fait vœu d'enseigner aux hommes la foi en Dieu et en Jésus-Christ. Ils ont fait ce vœu, et pour mieux l'accomplir, ils ont renoncé aux joies de la famille et à tous les plaisirs du monde; ils ont embrassé une vie austère, sans autre consolation que la pensée du bien qu'ils font autour d'eux; et, appelés à diriger une école publique, ils consentiraient à ne jamais parler aux enfants ni d'un Dieu créateur et rédempteur, ni de la destinée de l'homme en cette vie, ni de celle qui l'attend après la mort! Qui pourrait les supposer capables d'une telle apostasie? Si le législateur recule devant la honte de les exclure ouvertement, ils s'excluront eux-mêmes : M. Ferry ne saurait conserver sur ce point aucune illusion. Ce qu'il y a d'évident pour nous, c'est que la commission de la Chambre des députés n'en conserve pas; elle sait qu'en chassant la religion de l'école, elle en chasse le religieux et le prêtre; et peut-être faut-il chercher dans sa persuasion à cet égard le motif de l'apparente et frivole concession qu'elle a faite au ministre de l'instruction publique, en ajournant toute proposition relative au corps enseignant.

Mais quand on veut en finir avec l'enseignement religieux, ce ne sont plus seulement les meilleurs d'entre les précepteurs qu'on éloigne, soit qu'ils se retirent d'eux-mêmes, soit qu'on les chasse par la violence ou en vertu d'un article de loi. Nous avons tous, ici-bas, quelle que soit notre condition, d'autres maîtres que ceux qui nous parlent du haut d'une chaire : ce sont les livres que nous lisons ou qui nous sont lus. Quel parti prendre à l'égard des livres? La religion ayant été considérée de tout temps en France comme la première base de l'éducation, et les luthériens de même que les calvinistes, ne pensant pas à cet égard autrement que les catholiques, ni les israélites autrement que les chrétiens : il en est résulté que le plus grand nombre des livres qui sont à l'usage de la jeunesse, sont imbus d'idées religieuses. Ceux qui n'offrent à aucun degré le reflet de l'Ancien ni du Nouveau Testament, sont les pires de tous, et difficilement une mère les mettrait aux mains de ses enfants. C'est là un fait que M. Paul Bert ne pouvait méconnaître, et qu'il constate, il l'avoue, « avec tristesse. » Que faire cependant? Ne faut-il pas qu'à tout prix, le bon sens du genre humain fléchisse devant la haute sagesse des libres penseurs qui ont nos destinées entre les mains? On commencera par écarter les ouvrages qui se rattachent le plus directement à l'éducation religieuse, comme le Catéchisme, l'Histoire Sainte, les Évangiles. On ne permettra pas que l'*Imitation de Jésus-Christ*, ni les *Maximes tirées de l'Écriture Sainte*, excellent ouvrage de Rollin, ni la *Doctrine chrétienne* de Lhomond, ni la *Vie de Notre-Seigneur Jésus-Christ*, par M. Wallon, pénètrent dans les écoles; sans quoi les lectures de l'enfant, dépassant les horizons que la loi permet à l'instituteur d'ouvrir à ses élèves, initieraient son jeune esprit à la science défendue, la science de Dieu et de l'humaine destinée. De même qu'il y avait autrefois des livres prohibés dans l'Université de Paris, notamment les traités d'astrologie judiciaire, de même, avant peu, si les projets de M. Paul Bert et de ses collègues l'emportent, il y aura des livres prohibés dans les écoles publiques; ce seront les livres saints et les abrégés ou les commentaires qui s'y rattachent. Mais suffira-t-il d'écarter les ouvrages qui contiennent le dépôt des vérités révélées? Assurément non. La logique ne permet pas de faire une exception en faveur des enseignements de la religion dite naturelle. Cette religion, elle aussi, a des dogmes que de grands esprits ont professés, dogmes moins nombreux, moins définis que ceux des religions positives, mais qui dépassent l'humble sphère des choses que les yeux voient, et que touchent les mains : c'est l'idée d'une cause première qui a créé le monde, qui le gouverne par sa providence, qui a doué l'homme d'une âme immortelle, et qui le jugera un jour selon ses œuvres. Ces vérités sont-elles susceptibles d'une démonstration rationnelle? M. Bert nous répondrait que non. Il ne sera donc pas permis de les exposer, d'en parler même dans les écoles publiques, ni de mettre aux mains des enfants aucun livre qui s'y rapporte : sans quoi le système s'écroule; ce n'est plus l'enseignement religieux à proprement parler qu'on élimine : c'est l'enseignement de telle ou telle religion, de tel ou tel dogme. Combien le Conseil municipal de Paris est plus conséquent avec lui-même! Dévoré qu'il est de la passion de l'impiété, il a ordonné une révision de la liste des livres scolaires, afin que désormais cette liste ne comprît aucun ouvrage religieux, et que ceux-là même qui traitent de la religion naturelle, dans lesquels, par conséquent, il est parlé de Dieu ou de l'âme, fussent écartés comme les autres. Les maximes adoptées par la commission de la Chambre des députés conduisent là : sur la pente de l'athéisme, il n'est donné à personne de s'arrêter avant d'être tombé de chute en chute à ce fond d'abîme. Lors donc que l'enseignement religieux aura été interdit dans toutes les écoles communales, lorsque les hommes de foi qui dirigeaient un certain nombre de ces écoles auront été chassés, que les ouvrages qui peuvent rappeler à l'enfant et son origine et sa fin dernière, auront été remplacés par le catéchisme des droits et des devoirs du citoyen, la libre pensée triomphera; la réforme dont elle a tracé le plan sera complète; un système nouveau d'éducation aura pris la place de l'ancien. Peut-être suffirait-il d'avoir étalé dans toute sa nudité cette monstrueuse conception, pour en démontrer l'extravagance et le péril. Nous ne croyons pas inutile cependant de la mettre une dernière fois aux prises avec la réalité, et de faire voir qu'elle ne se recommande par le suffrage d'aucun peuple; qu'elle atteint profondément les droits que ses partisans ont la prétention de protéger; qu'elle compromet les intérêts moraux qu'une société sage doit chercher à garantir par la bonne éducation des enfants; qu'enfin, elle entraîne dans la pratique des difficultés qui en rendent la réalisation impossible.

III

Que l'instruction laïque telle que le premier rapport de M. Paul Bert la définissait et que le second la prépare, c'est-à-dire l'instruction séparée de la religion et exclusivement confiée à des laïques, soit absolument en dehors de la tradition française; que la tradition contraire ait prévalu dans notre pays, après comme avant 1789, et que depuis quatre-vingts ans elle ait eu en sa faveur l'adhésion raisonnée et l'appui énergique des esprits les plus libéraux, c'est là un fait qui ressort d'une manière trop éclatante de tous les témoignages pour que personne ait osé jamais le démentir. Mais en général les arguments de ce genre touchent peu la démagogie. Que lui importe le passé? Est-il autre chose à ses yeux, qu'une longue erreur et qu'un long esclavage, et ne se propose-t-elle pas de refaire la société sur des bases nouvelles que nos pères n'ont pas soupçonnées?

D'autres, moins indifférents aux leçons de l'expérience, aimeraient à pouvoir opposer l'exemple des autres nations à celui de la France; car si la France naguère servait de modèle à ses voisins en beaucoup de choses, les unes graves, les autres frivoles, c'est aujourd'hui le penchant, nous ne voulons pas dire la manie, de certains de nos compatriotes, de médire de leur pays, de le calomnier même, et d'admirer les institutions, les lois et les mœurs de l'étranger.

Mais est-il vrai que l'éducation laïque, repoussée par nos pères, ait fleuri chez les autres peuples et que le moment soit venu de leur faire ce nouvel emprunt? M. Paul Bert nous apprend, d'après M. de Laveleye, qu'elle est établie dans l'état d'Honolulu et qu'elle y fait merveille. Nous l'avouons avec franchise ; jamais nous n'aurions eu la pensée d'aller jusqu'en Polynésie demander au gouvernement d'Honolulu des leçons pour la France, et des arguments à l'appui d'un projet de loi soumis à nos Chambres législatives.

M. Bert cite encore comme gagnée à la cause de la laïcité la Hollande. La citation est-elle exacte? Elle appelle tout au moins un éclaircissement qui est indispensable pour épargner au lecteur une grave méprise. Matériellement il est exact que l'instruction laïque existe en Hollande. La religion, en effet, n'a pas été comprise par la loi hollandaise, dans le programme des écoles publiques ; le soin de l'enseigner a été laissé aux ministres des différents cultes. Mais si chez cette nation, qui par un concours de circonstances particulières a vu de bonne heure se multiplier les sectes les plus diverses, tout enseignement dogmatique a été jugé périlleux et même impossible, est-ce à dire que les enfants soient élevés dans l'ignorance de Dieu? Si M. Paul Bert le croit, il commet une étonnante erreur. En Hollande, l'instituteur n'a pas à toucher au dogme, non sans doute ; mais la loi lui prescrit comme son premier devoir de préparer ses élèves à la pratique des vertus chrétiennes ; mais il a pour mission de leur enseigner l'amour de Dieu et la foi dans sa providence ; mais dans beaucoup d'écoles, suivant la pieuse coutume de nos pères, la classe commence et finit par une prière ; on récite l'*Oraison dominicale*, les dix commandements de Dieu, ou une autre prière choisie parmi celles que l'usage du pays a consacrées. « Oui, vous avez raison, » disait en 1831 à M. Cousin[1], M. Van den Ende, inspecteur général de l'instruction primaire, avec lequel M. Cuvier avait conversé autrefois, et qui était regardé en Hollande comme un des pères de l'éducation du peuple, « vous avez raison, l'école doit être chrétienne, il le faut absolument. La tolérance n'est nullement de l'indifférence. Il faut développer l'esprit moral et l'esprit religieux des enfants par un bon choix d'histoires bibliques ; surtout il faut que cet enseignement soit mêlé à tous les autres enseignements, qu'il se retrouve dans la lecture, dans l'écriture, dans l'histoire, etc. » Environ un demi-siècle s'est écoulé depuis que ces paroles ont été prononcées : la législation hollandaise a été modifiée en quelques points ; mais elle a conservé aux écoles du pays l'esprit religieux, l'esprit chrétien que M. Van den Ende avait contribué à leur incul-

---

[1] Cousin, *De l'instruction publique en Hollande*, Paris, 1837, in-8°, p. 28 t. 29.

quer. Quel rapport y a-t-il entre l'instruction laïque ainsi comprise et l'instruction laïque telle que la proposent M. Bert et ses amis? La première, à quelques objections qu'elle puisse donner lieu, et elle en a soulevé de très graves, même en Hollande, lors de la discussion de la loi de 1857, la première ne procède pas de l'incrédulité, et loin de former des impies, elle ouvre à l'enfant la voie qui conduit aux vérités chrétiennes ; la seconde qualifie de « légendes mystiques et d'hypothèses surnaturelles » les plus saintes croyances ; elle enseigne à ses élèves à se passer de Dieu, et elle les pousse fatalement ou au scepticisme ou à l'athéisme.

Ce n'est donc pas la Hollande qui peut fournir un argument en faveur de cette laïcité néfaste qu'on prépare à la France chrétienne et catholique. Nous adresserons-nous à l'Amérique? Certes, s'il existe un peuple qui ait le respect de sa liberté, c'est le peuple américain. Chaque citoyen met autant d'énergie à la réclamer pour autrui que s'il s'agissait de lui-même. Là, ce qui gêne le droit de quelques-uns est répudié par tous. D'autre part, le sentiment religieux est si général et si profond, qu'il a pénétré toutes les habitudes de la vie, et qu'on retrouve partout sa trace dans les lois comme dans les mœurs. Lorsque les pouvoirs publics eurent à régler l'organisation des écoles, ce fut un problème difficile que la conciliation d'une piété fervente avec la recherche passionnée de l'indépendance individuelle. Que dès aujourd'hui ce problème ait trouvé sa solution définitive, M. Buisson, à qui on doit un très intéressant *Rapport sur l'instruction primaire à l'Exposition universelle de Philadelphie*[1], ne le pense pas. Voici les principaux traits du tableau qu'il a tracé. Tout enseignement confessionnel est interdit dans les écoles publiques. En effet, dit-on, si une église avait le droit de faire enseigner officiellement ses dogmes, la liberté des autres églises en souffrirait, puisque les enfants des familles qui appartiennent à ces églises auraient à subir un enseignement que leurs familles n'approuvent pas et qui les offense. Il est permis aux différentes communions d'ouvrir des classes dont elles règlent le programme à leur gré, et suivant les convenances de leur foi ; mais dans les classes qui appartiennent à l'État, c'est-à-dire à la communauté des citoyens, le programme scolaire ni les leçons de l'instituteur ne doivent rien admettre qui puisse blesser la conscience d'un seul. Telle est aux États-Unis la part faite à la liberté dans l'organisation des écoles publiques. Quelle est celle qui est laissée au sentiment religieux? C'est avant tout la lecture de la Bible. La Bible pour les Américains n'est pas un livre comme les autres ; ce n'est pas le

[1] Paris, Imp. nat., 1878, p. 451 et suiv.

livre d'une secte, d'un parti, d'une région ; c'est le livre de tous ; c'est pour tous, comme l'a dit M. Buisson, la substance même de leur être moral, l'aliment quotidien du cœur et de l'esprit. On avait donc gardé jusqu'à ces dernières années dans les écoles, l'usage de lire chaque jour un passage de la Bible. « On y joignait même très généralement, dit M. Buisson, ou l'*Oraison dominicale*, ou des cantiques empruntés aux meilleurs recueils protestants. Un certain nombre d'établissements, dans les États où le sentiment religieux s'est toujours montré le plus vif, en Pensylvanie par exemple, ajoutaient même ouvertement à ces exercices une prière faite à haute voix par le maître. » Il est vrai que depuis dix ans la situation s'est un peu modifiée. Les catholiques, devenus de plus en plus nombreux, ont protesté contre l'emploi de la Bible comme livre de lecture, et leurs plaintes ont trouvé de l'écho même parmi les protestants. Mais aucune voix autorisée a-t-elle demandée que l'instituteur public oubliât dans ses leçons qu'il s'adressait à des enfants de familles chrétiennes pour la plupart, et que ces enfants devaient être élevés dans l'amour et dans la crainte de Dieu? Jamais ce scandale n'a été donné aux États-Unis. Actuellement, selon M. Buisson, « la lecture de la Bible, sans commentaires dogmatiques, est légalement obligatoire dans le Massachussets, dans l'Indiana et dans l'Iowa : légalement autorisée dans les États de Pensylvanie, de New-York, de New-Jersey et d'Illinois, laissée à la discrétion des autorités locales et du maître dans l'État de Rhode-Island, et dans la plupart des États de l'Ouest, de l'Ohio à la Californie et du Wisconsin au Mississipi. »

Il faut convenir que cette organisation de l'école américaine ne ressemble guère à celle que le radicalisme à rêvée pour l'école française. En France, quant à présent, nous avons le malheur d'avoir affaire à de purs théoriciens, qui ont l'amour de la liberté sur les lèvres bien plus que dans le cœur. Les Américains sont des gens pratiques, sincèrement religieux et sincèrement libéraux.

Si nous négligions de parler de la Suisse, nos adversaires pourraient s'armer contre nous de notre silence et y chercher en faveur de leur laïcité un argument qu'il ne nous plait pas de leur laisser. Que dans ce pays, depuis une douzaine d'années, les familles chrétiennes aient été soumises à bien des épreuves ; qu'à Genève, M. Carteret, aux jours de sa puissance, ne les ait point épargnées ; que des instituteurs et des institutrices aient été sévèrement réprimandés pour le seul fait d'avoir mis des ouvrages religieux aux mains de leurs élèves ; qu'à Berne comme à Genève, la persécution ait sévi contre les catholiques : ce n'est pas nous qui le contesterons ; mais tout récemment les électeurs genevois ont fait justice de l'administration de M. Carteret, et Genève d'ailleurs, non plus que Berne, n'est pas toute la Suisse. L'article 27 de la constitution helvétique porte que « les écoles publiques doivent pouvoir être fréquentées par les adhérents de toutes les confessions, sans qu'ils aient à souffrir d'aucune façon dans leur liberté de conscience ou de croyance. » Cette disposition équivaut-elle donc à la proscription de l'enseignement religieux ? En Suisse on n'en juge pas ainsi, comme on peut s'en assurer en consultant l'ouvrage du docteur Dubs, membre du tribunal fédéral, sur le *Droit public de la Confédération suisse* [1]. Il y a des communes dont les habitants appartiennent à des confessions différentes ; que dans ces communes l'enseignement de la religion soit remis aux confessions elles-mêmes, c'est la conséquence naturelle de la loi constitutionnelle. Mais la volonté du législateur a-t-elle été qu'il en fût de même dans les localités où l'unité de foi religieuse existe d'une manière presque absolue? A-t-elle été que partout, entre la religion et l'école publique, le divorce eût lieu et devînt une obligation légale ? Ce qui ne devait être qu'un hommage rendu à la liberté des consciences a-t-il servi à les opprimer et s'est-il transformé en une profession déguisée d'athéisme? La Suisse, nous l'affirmons, n'est pas descendue aussi bas. La liberté religieuse a du reste survécu aux coups dont elle avait été frappée dans certains cantons, et elle tend aujourd'hui à se relever. Genève se dégage peu à peu des liens dont la politique de M. Carteret l'avait chargée. A Berne, la persécution s'est ralentie.

Après avoir constaté la situation en Hollande, aux États-Unis et en Suisse, sans oublier le gouvernement d'Honolulu (comment pourrions-nous oublier un si puissant État?), jetons les yeux sur la carte des autres pays civilisés. Quel est celui dans lequel jusqu'à ce jour les principes posés par M. Paul Bert aient été mis en pratique ? Est-ce l'Angleterre, l'Allemagne, l'Autriche, l'Italie, la Belgique, la Russie, l'Espagne? Chez aucun de ces peuples l'instruction n'est purement laïque. Les croyances religieuses diffèrent; mais partout elles interviennent dans l'éducation ; nulle part la religion n'a disparu de l'enseignement; nulle part on n'a supposé qu'il fût conforme à l'intérêt social, au vœu des familles, à la nature des choses et à celle de l'homme, d'adopter une organisation scolaire dans laquelle Dieu fût oublié et méconnu, sinon ouvertement nié. La tradition des peuples civilisés ne diffère donc pas de celle de la France; toutes deux se réunissent pour n'en former qu'une seule, qui s'élève comme la réprobation unanime du bon sens et de la raison contre les propositions subversives de M. Bert et de ses collègues.

[1] Neuchâtel, J. Sandoz, et Genève, Desrozis, 1878-1879, 2 vol. in-8°.

IV

Mais ce n'est pas assez d'opposer à de pareilles doctrines la pratique constante des peuples civilisés : nous devons aussi les examiner en elles-mêmes, et faire voir que loin de tenir ce qu'elles promettent, elles ne peuvent conduire qu'à l'oppression des consciences et à l'abaissement du niveau intellectuel comme du niveau moral de la nation.

Elles s'annoncent au nom de la liberté ; elles veulent, disent-elles, que toutes les convictions soient respectées et qu'il ne soit fait violence à aucune : leur but est de protéger l'enfant dont le père s'avoue athée, contre un enseignement qui le ferait croire en Dieu ; l'enfant israélite, contre la lecture éventuelle de l'Évangile ; l'enfant calviniste ou luthérien, contre toute apologie de l'Église catholique et tout acte de soumission à son autorité. Nous prenons acte de ces promesses. Soit, l'école laïque est fondée, et l'instituteur laïque qui la dirige se conforme aux intentions de son fondateur. Cependant un père et une mère catholiques ont élevé pieusement leur fils et leur fille : ils les ont accoutumés à prier Dieu chaque jour et à lui rapporter toutes leurs pensées, comme à l'auteur de tout bien ; ils les ont initiés aux mystères de la chute, de la rédemption et des fins dernières de l'homme, au culte de Jésus-Christ et à celui de sa mère ; croyez-vous que ce père et cette mère n'éprouveront pas une douleur profonde, lorsqu'ils auront à envoyer ces deux enfants dans des écoles, où ni l'un ni l'autre ne retrouveront les emblèmes de leur culte, dans laquelle Jésus-Christ ne sera pas honoré ni même le nom de Dieu prononcé, dont l'enseignement ne contiendra rien qui élève ces jeunes âmes vers leur créateur, et renfermera peut-être beaucoup de paroles, au moins légères, qui les détournent de lui ? Aux yeux de ces parents qui, plus heureux que vous, ont conservé le bienfait de la foi, songez qu'il s'agit de la destinée présente et à venir de leurs enfants, et que vous ne pouvez les soumettre à une torture plus cruelle que l'alternative où vous les placez, de fuir l'école de leur village, ou d'exposer ces pauvres enfants à oublier Dieu et à perdre leur âme. Or il y a des milliers de familles que vous allez condamner à ce supplice. Si vous appelez cela respecter la liberté, qu'est-ce donc, selon vous, que l'oppression des consciences ? Mais ce ne sont pas les catholiques seuls qui auront à souffrir de cette émancipation prétendue dont vous faites miroiter l'image vaine devant le pays trompé. Les luthériens et les calvinistes, dans la sincérité de leurs convictions chrétiennes, souffriront-ils sans se plaindre que la Bible, qu'ils ont coutume de lire matin et soir si religieusement, soit classées parmi les ouvrages prohibés, comme un livre doublement dangereux : dangereux par les faussetés qu'il renferme et qui sont propres à égarer le jugement de ceux qui s'en nourrissent, dangereux par les habitudes de sectaire qu'il développe et qui tarissent dans leur source les sentiments de tolérance et de paix qu'il conviendrait d'entretenir entre les citoyens de toutes les opinions? Les israélites eux-mêmes ne seront-ils pas atteints dans ce qui est l'essence de leur foi et le soutien de leurs espérances, lorsque les récits de la Genèse et toute la législation mosaïque auront été rayés du programme des écoles, qu'il n'y sera plus question de la création, que le dogme même de l'existence de Dieu cessera d'être enseigné, par cela seul que c'est un dogme, c'est-à-dire une affirmation contestée sur un objet non connaissable, ni susceptible, comme dit M. Bert, d'une démonstration rationnelle? Nous le demandons de nouveau, est-ce par respect pour le droit des consciences qu'on se propose de blesser les israélites, et les deux communions protestantes, et les catholiques, et de les blesser dans ce qui touche le plus profondément et les pères et les mères, à savoir l'éducation de leurs enfants? A ce système d'oppression générale, qui s'étend à tous les cultes, je ne vois que l'athéisme qui échappe et qui puisse profiter : seul il y gagnera; son misérable gain sera de ne plus entendre prononcer le nom de Dieu dans les écoles publiques. Mais qu'est-ce que l'athéisme? Est-il donc si respectable? S'est-il signalé par de tels services rendus à la société, que le législateur doive lui sacrifier toutes les autres convictions? « La terre, dit Bossuet, porte peu de ces insensés qui, dans l'empire de Dieu, parmi ses ouvrages, parmi ses bienfaits, osent dire qu'il n'est pas; et lorsque dans la lumière du christianisme on en découvre quelqu'un, on doit en estimer la rencontre malheureuse. » C'est en faveur de cette infime minorité que le projet de M. Paul Bert a été conçu et rédigé. Qu'elle ait sa place au soleil; qu'elle s'introduise dans les plus hautes fonctions de l'État; qu'elle siège dans les assemblées où se préparent les lois, nous y consentons : mais qu'elle aspire à devenir la maîtresse de l'éducation nationale, que s'étant affranchie de toute croyance, elle entreprenne de façonner les écoles publiques à son image, sans souci de la tradition ni des vœux du pays, voilà ce qui nous étonne : et notre étonnement douloureux se change en indignation, quand cette violence inouïe, faite aux consciences catholiques, protestantes, israélites par quelques obscurs adeptes de l'athéisme, ose bien s'annoncer comme une délivrance de la pensée, comme une conquête de la liberté religieuse, comme la victoire du droit.

De quoi vous plaignez-vous, nous dira-t-on? Si les écoles

publiques vous inquiètent, n'avez-vous pas le droit d'ouvrir des écoles privées dont vous choisirez les maîtres et dont vous réglerez les programmes à votre guise? Oui, nous avons ce droit, et nos maîtres ne nous en ont point encore jusqu'ici contesté l'exercice, enclins à le respecter, s'il reste inutile entre nos mains, résolus à nous le disputer et à nous le ravir, si nous nous en servons d'une manière efficace pour notre cause. A Paris et dans quelques grandes villes, les catholiques ont commencé à mettre ce droit à profit; en remplacement des écoles chrétiennes supprimées par l'intolérance républicaine, ils ont fondé de nouvelles écoles, qui, lorsque les locaux sont suffisants, reçoivent plus d'élèves que n'en avaient les anciennes. Ce résultat, qu'elle n'attendait pas, a indigné la démagogie, et si les récits des journaux sont fidèles, le Conseil municipal de Paris a déjà retenti de plaintes et de menaces contre ces cléricaux qui avaient le mauvais goût de ne pas abaisser silencieusement leur tête résignée devant les arrêts de proscription lancés contre leurs écoles par les ennemis de leur foi. Mais ce qui se peut à Paris et dans quelques grands centres n'est évidemment pas possible sur tous les points du territoire. Il existe en France 59 054 écoles publiques, dont 23 015 écoles spéciales aux garçons, 18 937. spéciales aux filles, 13 927 écoles où les deux sexes sont admis, et 3172 écoles de hameaux. Aujourd'hui dans toutes ces écoles, suivant la volonté du législateur, on donne l'instruction religieuse, c'est-à-dire quand les enfants qui fréquentent l'école appartiennent à des familles catholiques, ce qui est le cas le plus ordinaire, on enseigne l'histoire sainte et on fait réciter le catéchisme. Que les propositions de M. Paul Bert viennent à être adoptées, voilà 59 000 écoles et plus d'où la religion est bannie. Par quel effort de charité serait-il possible de combler le vide que cette grande iniquité laissera dans l'éducation nationale? On aura beau multiplier les sacrifices, ils ne suffiront pas pour réparer les brèches faites à l'enseignement par le législateur lui-même. Les israélites, qui sont en minorité dans le pays, souffriront moins que les protestants; et, de leur côté, les protestants auront moins à souffrir que les catholiques. Nous serons les plus atteints, parce que nous sommes les plus nombreux, et nous le serons d'une manière presque irrémédiable. Quel que soit le zèle des congrégations religieuses, quel que soit l'appui qu'elles trouvent dans le clergé séculier et dans la libéralité des fidèles, la situation sera plus forte que toutes les bonnes volontés et que tous les dévouements. Ira-t-on ouvrir des écoles chrétiennes, nous ne dirons pas dans tous les villages, mais dans tous les chefs-lieux de canton, dans tous les chefs-lieux d'arrondissement, même dans tous les chefs-lieux de département? On compterait aisément les points sur lesquels les catholiques pourront profiter des facilités que la loi leur accorde. Partout ailleurs ils auront à gémir et à s'indigner de l'oppression qui pèsera sur la conscience des pères de famille. C'est donc la plus amère dérision, que de les inviter à user de la liberté que la loi leur accorde et dont l'exercice, dans l'immense majorité des cas, leur sera impossible.

Que si nous quittons maintenant ces considérations qui touchent à la liberté des consciences pour n'envisager que l'intérêt social, croit-on qu'on aura fait une chose utile au pays quand on aura fermé une des avenues par lesquelles la vérité religieuse avait pu jusqu'ici pénétrer dans l'âme des enfants? La question revient à savoir s'il est bon pour une nation d'être sans culte et sans foi. La sagesse des peuples a depuis longtemps prononcé; sur ce point tous sont d'accord, les anciens comme les modernes, ceux qui sont gouvernés par un roi, comme ceux qui vivent en république; et peut-être dans les républiques la foi dans la Providence est-elle encore plus nécessaire que dans les monarchies. Voilà pourquoi, à côté d'un extrême amour de la liberté, le sentiment religieux est si vif chez les Américains. On tente par conséquent une expérience que nous avons le droit d'appeler tout au moins téméraire, car elle n'a jusqu'ici réussi à personne, en travaillant à effacer du cœur de la France le souvenir de Dieu.

On a lu dans quelques livres de philosophie que la société peut se passer de religion, et que pour se conduire dans la vie la connaissance de ses devoirs suffit à l'homme. On essaye de se persuader à soi-même et de persuader aux autres que ces livres ont dit vrai; et s'étant figuré qu'une morale toute terrestre s'accorde avec la nature humaine, on pousse l'illusion jusqu'à penser qu'elle convient à l'enfance. On efface alors l'instruction religieuse du programme des écoles primaires, et on la remplace par la lecture de la constitution et l'apprentissage des devoirs civiques. Illusion aussi impardonnable que funeste ! Ce n'est pas impunément que vous séparerez dans l'éducation non plus que dans la vie l'idée du devoir et l'idée de Dieu. Qui dit un devoir dit une loi, et qui dit une loi dit un législateur qui l'a promulguée et un juge qui l'applique à chacun selon ses œuvres. De même que la raison ne conçoit pas la cause première de l'univers sans concevoir aussitôt que cette cause n'a pas abandonné son œuvre au hasard, mais qu'elle a soumis les esprits et les corps à certaines règles qui sont l'expression de sa sagesse et qui constituent l'ordre du monde, de même l'idée de ces règles primordiales et surtout de celle qui est écrite au fond de notre conscience comme la maîtresse de nos actions, ne nous apparaît pas sans que nous les rattachions à leur auteur. Toutes ces idées se tiennent et forment une chaîne qui de l'homme s'élève à Dieu. Quand l'anneau supérieur est brisé, la chaîne retombe sur la terre, où elle flotte au gré des passions et des intérêts, et le devoir perd la force d'enchaîner les volontés.

Ce sont là des vérités si anciennes et si simples, que nous nous reprocherions d'insister. Mais si, malgré leur évidence, il faut nous résigner de nos jours à les voir méconnues, quelle imprévoyance, quelle cruauté n'y a-t-il pas, de la part de ceux qui les nient, à choisir pour premières victimes de leurs erreurs philosophiques les enfants qui fréquentent les écoles communales ! L'enseignement de la morale séparée de la religion et réduite à la sèche nomenclature des devoirs civiques, laissera-t-il dans ces jeunes esprits aucune impression salutaire? Exercera-t-il sur leur caractère et sur leur conduite aucune influence durable? Aura-t-il le pouvoir de réprimer leurs mauvais instincts, de modérer leurs passions, de leur inspirer des sentiments d'abnégation et de charité, d'enflammer leur patriotisme? Quand vous apprenez à un enfant les dix commandements de Dieu, il est porté à vous croire et à vous suivre, parce qu'il vous comprend. Ce maître divin, au nom duquel vous lui parlez et qui veut être obéi, est celui dont il a le pressentiment; vous l'aidez en quelque sorte à dégager une image dont les traits sont gravés au dedans de lui-même. À la place de la loi divine, de cette loi vivante, promulguée une première fois au Sinaï, et une seconde fois au Calvaire, mettez les formules abstraites d'un catéchisme civique, l'enfant ne comprendra pas cette morale mutilée dont il ne verra ni l'origine ni la sanction. Comme elle ne répond pas au besoin de son cœur ni aux inspirations secrètes de son intelligence, elle n'aura aucune prise sur lui ; et quand il quittera l'école, n'ayant rien appris du vrai but de la vie, désarmé contre les mauvais exemples, contre les tentations et surtout contre l'égoïsme, il sera exposé à commettre bien des fautes et trompera plus d'une fois l'espoir que la patrie fondait sur son désintéressement et sur son courage. Nous plaindrions une société dont les enfants n'auraient reçu d'autres préceptes que ceux d'une morale purement laïque; au jour du danger, elle trouverait en eux de pauvres défenseurs.

Il faut donc que la démocratie radicale y regarde à deux fois avant de supprimer l'instruction religieuse dans les écoles publiques ; elle ne porterait pas seulement l'atteinte la plus injuste aux droits de la conscience, dont elle se soucie peu, quoi qu'elle en dise; elle ferait courir un risque sérieux à des intérêts que nous croyons lui être bien autrement chers : l'avenir moral, la grandeur et la sécurité du pays. Nous n'ajouterons plus que quelques mots. Les partisans de la laïcité de l'enseignement savent-ils à quel point leur système est impraticable. Un moraliste éminent, M. Ernest Naville, le leur a montré dans un discours sur *l'École chrétienne*, prononcé à Genève, le 22 mars 1870. Nous ne pouvons reproduire textuellement cette éloquente et judicieuse allocution, mais nous en résumerons les passages les plus saillants. Il y a bien des matières dans une école, pour l'enseignement desquelles la religion n'intervient pas nécessairement, bien qu'elle puisse, et, que selon Van den Ende, elle doive ne pas y rester tout à fait étrangère, par exemple, le syllabaire, les principes de l'écriture, l'arithmétique. Les règles du calcul sont les mêmes dans chaque pays, quel que soit son culte; les mahométans ne comptent pas autrement que les catholiques. Mais qu'on arrive à l'étude de la langue, la situation se modifie, à proportion que s'agrandit le cercle des idées qui viennent s'offrir à l'intelligence de l'élève. Comme le dit très bien M. Naville « la langue est l'expression totale de la vie de l'humanité. Rien ne saurait se manifester dans l'existence des individus, ni dans celle de la société, qui ne se retrouve dans la langue, comme dans un dépôt où se conservent les archives du genre humain ». Comment dès lors enseigner une langue, sans que la religion se trouve mêlée à l'enseignement? Ouvrons un vocabulaire, non pas même un vocabulaire, mais un de ces recueils de mots usuels, comme on en met entre les mains des enfants : nous y trouvons ces mots : *Dieu, âme, religion, prière*. Si l'instituteur ne veut enseigner que l'orthographe, il ne s'y arrêtera pas; mais s'il a pour mission d'éveiller l'intelligence et de former le jugement de ses élèves, il aura quelque peine à ne pas expliquer de pareils termes; voulût-il s'en dispenser; il n'échappera pas aux questions indiscrètes de quelque enfant curieux. Que répondra-t-il? S'il se tait, le silence, en pareil cas, est déjà une réponse qui cache la négation de la vérité religieuse, ou une indifférence qui ne vaut guère mieux. Il y aurait un moyen de tourner la difficulté, ce serait d'effacer des vocabulaires à l'usage des écoles les termes religieux. M. Naville a eu entre les mains un livre de classe ainsi épuré par les soins d'un écrivain moins ami de l'enfance et de la langue que de l'enseignement laïque entendu dans toute sa rigueur. Mais, fait observer M. Naville, quand vous aurez poussé aussi loin qu'il est possible la suppression des termes qui touchent à la religion, il restera toujours un mot que vous ne pourrez pas effacer, un mot que toute bouche humaine prononce, et qui est de l'usage le plus fréquent, le mot de *mort*. Qu'est-ce que la mort et que devient l'homme après la mort? Qu'est devenu cet enfant hier plein de vie,

¹ Le discours de M. Naville et un autre discours du même auteur sur *l'École laïque* ont été réunis dans une brochure in-18, qui a paru en 1873, à Genève, chez Cherbuliez, et à Paris, chez Sandoz.

aujourd'hui couché dans le cimetière, sous quelques pelletées de terre ? La question, qu'on n'en doute pas, sera posée plus d'une fois à l'instituteur par ses élèves, le lendemain du jour où ils auront vu disparaître un de leurs camarades qui, la veille, encore jouait avec eux. Quelque réserve qu'il ait la bonne volonté de garder, il ne pourra pas refuser à leur curiosité et à leur douleur la satisfaction d'une réponse telle quelle. Voilà donc l'instruction religieuse qui rentre dans l'école ; elle y rentre par une porte détournée, sans les garanties qu'un programme exactement défini aurait offertes, et non sans de graves périls pour les droits de la conscience qu'on annonçait l'intention de sauvegarder ; car il peut arriver que la réponse de ce maître d'école, mal préparé sur de tels sujets, blesse les convictions de plus d'un père de famille, et que si elle est entachée de matérialisme, elle porte une atteinte irréparable à la foi religieuse dans le cœur des enfants qui l'auront écoutée.

Nous n'avons pas l'espérance que les observations qui précèdent modifient en rien l'opinion de M. Paul Bert et de ceux de ses collègues qui ont préparé, de concert avec lui, les deux projets de loi dont la Chambre des députés est en ce moment saisie. Qu'il nous soit permis de dire, sans vouloir les offenser, que ce n'est pas à eux que nous nous adressons. C'est à cette masse d'hommes honnêtes, modérés et inconséquents, qui n'ont pas de parti pris contre l'enseignement religieux, qui, loin de là, le recherchent sinon pour euxmêmes, du moins pour leurs enfants ; qui font apprendre le catéchisme à leurs fils et à leurs filles, s'ils sont catholiques ; chez qui le soir on fait en famille la lecture de la Bible, s'ils sont protestants ; qui fréquentent exactement la synagogue, s'ils sont israélites, mais qui aiment passionnément la liberté, surtout la liberté des consciences, et qui, attirés par ces nobles mots, sont tentés de s'associer à des desseins qu'ils maudiraient, s'ils les connaissaient mieux. Notre principal but, en prenant la plume, a été de les éclairer. Beaucoup se figurent que les propositions relatives à la laïcité de l'enseignement populaire tendent à établir en France le régime qui a prévalu depuis de longues années en Hollande et en Amérique ; nous avons essayé de les convaincre que leur bonne foi avait été surprise ; que la laïcité, telle qu'elle existe aux États-Unis et en Hollande, est un hommage rendu à la liberté et se concilie avec le culte de Dieu ; que la laïcité, telle qu'on veut l'établir parmi nous, aboutit à l'oppression des âmes ; que les athées seront les seuls à en tirer profit, et qu'enfin dans la pratique le système aboutit à une impossibilité. Voilà les points que nous aurions voulu rendre évidents pour tous les républicains sincères et libéraux qui ne méconnaissent ni les droits de la conscience humaine ni la portée sociale

des croyances religieuses. Nous dirions que la démonstration e[st]
complète, si nous n'avions pas une juste défiance de nos forces, et [si]
nous n'éprouvions pas la crainte d'avoir affaibli, par la manière do[nt]
nous les exposions, des arguments qui, en eux-mêmes, nous parai[s]-
sent invincibles.

Quant à nos amis qui partagent nos sentiments et nos vœux, l[es]
discussions dans lesquelles nous sommes entré étaient pour e[ux]
superflues; avant de nous avoir lu, ils étaient persuadés, comme n[ous]
le sommes nous-même, de la monstruosité du système de l'éc[ole]
sans Dieu. Cependant peut-être y avait-il quelque utilité à plac[er]
sous leurs yeux, dans un travail d'ensemble, les violences, les contr[a]-
dictions et les non-sens que la politique radicale entraîne à sa suit[e,]
surtout en matière d'éducation, et que nous avons le droit de d[é]-
noncer à tous les amis de la vérité et de la justice. Dans la crise q[ue]
le pays traverse, il faut que chacun soit prêt pour la lutte; car to[us]
tant que nous sommes, chacun de nous dans sa sphère a l'obligati[on]
de contribuer par son exemple et par ses discours au triomphe d[es]
vérités sociales. S'il nous avait été donné de fournir quelques arm[es]
aux défenseurs de la liberté religieuse et du droit des familles, no[us]
ne regretterions pas d'avoir sondé, non sans labeur ni sans dégo[ût,]
l'abîme d'iniquité que cachent ces mots à peine intelligibles [:]
« laïcité de l'enseignement ».

Paris. — E. de Soye et Fils, imp., pl. du Panthéon, 5.